AF349575

A. MIRABAUD

DES PAS
DANS LA NUIT...

Drame en un Acte

Représenté pour la première fois à Paris, à Bobino-Music-Hall, le 29 Novembre 1912

sous le titre « LA VAGUE ROUGE »

Personnages : 5 Hommes, 1 Femme
(Société dramatique)

Prix net : 1 franc

LIBRAIRIE THÉATRALE GEORGES ONDET
83, Faubourg Saint-Denis, 83
PARIS

A. MIRABAUD

DES PAS DANS LA NUIT...

Drame en un Acte

DISTRIBUTION

GOLIATH . . . . MM. RAYMOND DUPRÉ (*du Théâtre Antoine / en représentations*)
JEAN-PIERRE . . . . MARIUS REYBAS
LE ROUQUIN . . . . E. RHEIN
UN OFFICIER. . . . . FRED-RICK
UN SOLDAT . . . . LEBRUN

LA MARIOLLE . . . . Mme EMILIENNE JOUBERT (*de la Porte-Saint-Martin / en représentations*)

Soldats du poste

L'action se passe de nos jours.

Un terrain vague.

Au fond : la poudrière. Mur escarpé. Chemin de ronde.

A gauche, un peu vers le fond : pile de sacs formant comme un lit de repos.

A droite, sur le devant : autre pile de sacs et une petite brouette de maçon, couchée sur le côté.

Fixé au mur, un fanal allumé.

SCÈNE PREMIÈRE

LE ROUQUIN, LA MARIOLLE, GOLIATH, *endormi*, LE FACTIONNAIRE

(*Au lever du rideau, le factionnaire, le fusil sur l'épaule, monte la garde au fond, disparaissant et reparaissant dans le chemin de ronde à intervalles réguliers. — A droite, devant la brouette qui les dissimule aux yeux du factionnaire : La Mariolle, Goliath et Le Rouquin. — Goliath, étendu sur le dos, dort d'un sommeil pesant. — Un peu au-dessus, Le Rouquin, tapi derrière un sac de plâtre, surveille avec une attention soutenue toutes les allées et venues du factionnaire.— A côté, face au public, La Mariolle, à demi allongée sur le sol, le menton dans ses mains, le regard fixe et la pensée absente, semble plongée dans une rêverie amère. — Nuit à la scène. Effet de neige. — On entend les douze coups de minuit s'égrener lentement à une horloge lointaine*).

LE ROUQUIN, *sans tourner la tête, à la Mariolle*

Y vont pas tarder maintenant à venir re-

Georges ONDET, éditeur, 83, faubourg Saint-Denis, Paris

Tous droits de traduction, de reproduction et d'analyse réservés par l'Editeur pour tous pays (COPYRIGHT BY G. ONDET, 1914), même pour la Hollande, la Suède, la Norvège, le Danemark, la Russie et la Finlande.

(*Répertoire de la Société des Auteurs et Compositeurs dramatiques, 12, rue Henner, Paris.*)

lever la sentinelle. Enfin! on va donc pouvoir se dérouiller un peu les guibolles et se mettre au turbin... T'entends le frère qui sifflotte? Y sent que la fin de sa faction s'approche... Y se doute pas de sa veine, le gonze. Oui, c'est heureux pour lui qu'on ait décidé l'attaque pour après minuit... Il aurait pris la garde deux heures plus tard que c'était lui qui écopait aux lieu et place de l'autre qui va venir! (*Devant le mutisme de la Mariolle, toujours distraite, il lui secoue le bras*). Eh bien, la môme?

LA MARIOLLE, *avec un sursaut, mais sans sortir de son rêve, d'une voix lointaine*

C'est l'heure?

LE ROUQUIN

Pas encore... j'attends la sortie du poste pour la relève du factionnaire avant de commencer l'attaque... Oh! y en a plus pour longtemps, les douze plombes ont piqué y a qu'un instant. (*S'étonnant de ce silence prolongé et l'attirant un peu à lui*). Alors quoi, y a plus d'amour?

LA MARIOLLE, *l'écartant de là, taciturne*

Laisse-moi, le Rouquin... je n'ai pas le cœur à la rigolade.

LE ROUQUIN, *avec humeur*

Mais, quoi que t'as donc, ce soir? V'là une heure que t'es là, le front dans tes mains, à zyeuter les mirettes du ciel. A quoi que tu rêves donc?

LA MARIOLLE

A la mort du pauvre bougre qui va prendre la faction tout à l'heure.

LE ROUQUIN, *gouailleur*

On a le cœur bien sensible, ce soir... la lune n'a pourtant pas changé.

LA MARIOLLE, *s'évadant de sa rêverie*

J'ai peur, le Rouquin. (*Ce disant, avec un geste apeuré, elle s'est blottie étroitement tout contre lui*).

LE ROUQUIN

Mais oui, t'as la tremblotte. C'est encore la môme Pelote qui t'as foutu des idées noires!

LA MARIOLLE

Oui, elle a rappliqué ce matin à la tôle; il lui manquait trois ronds pour prendre son apéro. Comme elle n'avait pas bouffé depuis deux jours, j'y ai prêté une thune; aussi, pour me remercier, elle m'a tiré les cartes.

LE ROUQUIN

Alors, quoi qu'elle t'a dit?

LA MARIOLLE

Rien de bon.

LE ROUQUIN

Mais encore?

LA MARIOLLE

Que ça finirait mal ce soir pour nous.

LE ROUQUIN, *avec un haussement d'épaules*

Des blagues!

LA MARIOLLE

Pas tant que ça. Y a huit jours, elle avait prédit à la Roussotte que, le soir même, elle se ferait choper avec son homme dans une rafle, à la Belle-de-Nuit... Ça n'a pas raté.

LE ROUQUIN

Des blagues, que je te dis. Pour moi, c'est un mec de la Préfectance qui l'aura prévenue en douce; alors, pour faire des magnes, pour épater les poires, elle a dit qu'elle avait lu ça dans les brêmes!

LA MARIOLLE, *ancrée dans son idée fixe*

Non... non... les cartes ne mentent jamais. Combien d'autres prédictions de la môme Pelote qui se sont réalisées par la suite.

LE ROUQUIN

Tout ça, c'est des boniments. A pas peur, la gosse, c'est pas encore cette nuit que les flicards y feront la pige au Rouquin. V'là un mois que je mijote en douceur la petite opération de ce soir; c'est te dire si j'ai bien pris toutes mes précautions.

LA MARIOLLE

Quand même.

LE ROUQUIN

Grâce à un faux état-civil, j'ai réussi à me faire embaucher, il y a une quinzaine, dans l'équipe de terrassiers qui travaille à la réfection du bâtiment où est le dépôt de dynamite. Tantôt, à l'heure du casse-croûte, les compagnons n'étant plus là, j'ai pu tromper la vigilance du factionnaire et en barboter quelques cartouches; quand les autres ont rappliqué au boulot, le butin était déjà à l'ombre... Il est là, enfoui sous un tas de briques, de l'autre côté du mur. Le temps à toi d'aguicher le solitaire, à Goliath de lui faire la peau, à moi de franchir le mur de l'enceinte et de remonter avec mon précieux fardeau, on n'en a pas pour un quart de plombe.

LA MARIOLLE

Je ne dis pas, le Rouquin; mais des fois que les cris de la sentinelle éveilleraient l'attention du poste voisin.

LE ROUQUIN, *désignant Goliath*

Le vieux est là pour nous éviter cette surprise.

LA MARIOLLE

S'il le rate?

LE ROUQUIN

Le daron, rater son homme!... Laisse-moi rire. Y en a pas deux comme lui pour jouer du surin et vous refiler ses cinq pouces de lame dans le dos.

LA MARIOLLE

N'empêche qu'on n'a pas idée de tenter un coup pareil par une nuit si claire, alors qu'il fait pleine lune et qu'on y voit comme en plein jour.

LE ROUQUIN

Je sais bien, la môme; mais que veux-tu?... Si je chauffe pas le paquet cette nuit, je le pourrais p't-être plus demain. Oui, y m'ont pas à la bonne dans l'équipe; y en a déjà un, ce matin, qui m'a dit que j'avais une gueule de faux-frère; pour sûr qu'y seraient pas longs à débiner le truc si on attendait vingt-quatre heures de plus... Puis quoi, y a pas à hésiter : c'est dans la nuit de demain qu'on a convenu avec les aminches de faire sauter la banque

du Stock-Echange; j'ai promis à not' chef que j'aurais tout ce qu'il faut, et le Rouquin n'a qu'une parole. (*Tout à coup*). Acré! v'là le poste qui vient pour la relève.

(*Les hommes du poste, précédés d'un sergent, entrent de gauche*).

<hr>

SCÈNE II

LES MÊMES, UN SERGENT, JEAN-PIERRE, SOLDATS

(*On relève le factionnaire; c'est Jean-Pierre qui prend la garde. — Sortie des hommes du poste et du sergent*).

<hr>

SCÈNE III

LE ROUQUIN, LA MARIOLLE, GOLIATH, *endormi*, JEAN-PIERRE

(*Jean-Pierre va et vient un moment au fond, avec l'allure transie de quelqu'un qui cherche à se réchauffer. — Un temps*).

LA MARIOLLE, *avec un long regard*
à Jean-Pierre, murmurant

Pauvre gosse!...

LE ROUQUIN, *d'un ton bourru*

De quoi tu dis?... Ah! tu commences à me courir avec tes boniments à la manque... Quand on a le cœur si sensible, on se met pas dans le commerce.

LA MARIOLLE, *avec un subit levain de fiel*

Eh bien, rends-moi ma liberté, je ne demande que ça.

LE ROUQUIN

Non! mais, des fois, est-ce que tu m'as bien zyeuté?

LA MARIOLLE, *soupirant*

Ah! certes, je serais bien plus heureuse.

LE ROUQUIN, *le poing levé et d'une voix mauvaise*

Assez! un mot de plus, un seul, et je te

colle mon pain à cacheter sur le blair! T' as compris, la môme?

LA MARIOLLE, *s'écartant de là, craintive, déjà domptée*

Oui. le Rouquin!

LE ROUQUIN, *avec brusquerie*

Et maintenant. au turbin! le solitaire est en place... Allez, ouste! en chasse, et vivement! Et pas de blagues, j'ai l'œil sur toi!

(*Sans mot dire, mais le regard fauve telle une chienne blessée, elle sort en rampant sur les genoux, à droite, premier plan*).

SCÈNE IV

LES MÊMES, *moins* LA MARIOLLE

LE ROUQUIN, *allant à Goliath, toujours endormi, et le secouant*

Eh là! le daron, c'est assez roupillé comme ça!

GOLIATH, *en sursaut, se frottant les yeux*

Qui c'est-y?

LE ROUQUIN

C'est mézigue. T' as l'air de tomber de la lune!

GOLIATH, *sur son séant, mal éveillé*

Oui, je reviens de loin.

LE ROUQUIN, *narquois*

T' as p't-être rêvé que t'étais un rupin et que t'avais un fond à ton grimpant.

GOLIATH. *le front dans ses mains, le regard loin, très loin*

Non. j'avais quinze ans de moins, ma femme n'était pas partie avec le gosse... J'étais encore un honnête homme.

(*Au fond, Jean-Pierre, l'arme au pied, lit, à la clarté douteuse du fanal, une lettre qu'il a sortie de sa poche*).

LE ROUQUIN, *s'énervant déjà, à Goliath*

Oui. on la connaît. ton histoire, tu nous la sers tous les jours: lâche-nous le coude avec le souvenir de ta rombière! Si elle t'a plaqué avec son loupiot, c'est ta faute. après tout, t'en as convenu toi-même. Tous les soirs que tu rentrais dans les brindezingues, tu lui amochais le citron; alors. elle s'est lassée, la bonne femme... Y avait de quoi! Mais toi. tu n'as jamais eu d'égards pour le beau sexe.

GOLIATH, *sans l'entendre, à lui-même, amèrement*

Où sont-ils? que font-ils?... Morts tous les deux, peut-être... Ah! si on pouvait refaire sa vie! A quoi bon maintenant... ils sont perdus pour moi.

LE ROUQUIN, *qui est remonté à son poste d'observation, s'impatientant, à part*

Mais quoi qu'elle fout donc, qu'elle n'est pas encore en vue! Si. pourtant, la voilà qui radine en douce vers le solitaire. (*A Goliath, le secouant derechef*). Allez, ouste! grouille-toi!

GOLIATH, *cherchant des yeux*

Où est le gonze?

LE ROUQUIN

Là. en face.

GOLIATH

Et la Mariolle?

LE ROUQUIN

Déjà au raffût. On n'attend plus que toi.

GOLIATH. *tirant un couteau de sa poche et opérant la même sortie sur les genoux que la Mariolle tout à l'heure*

Alors. on y va?

LE ROUQUIN

Attends bien, pour dégringoler le pante, que la Mariolle l'ait entraîné sur le bord du talus.

GOLIATH

Entendu.

LE ROUQUIN. *persiflant*

Et sers-le proprement.

GOLIATH, *montrant le couteau qu'il a gardé en main*

J'ai ce qu'il faut pour ça! (*Il disparaît à

*droite, premier plan. — Le Rouquin, qui est
retourné à son poste, demeure un moment
là, accroupi sur le sol, l'œil au guet. — Un
temps. — Soudain, à un bruit insolite, Jean-
Pierre, interrompant sa lecture, dresse
l'oreille; puis, avec une inquiétude visible,
froissant rirement sa lettre, il se porte de
quelques pas en avant et se met aussitôt sur
la défensive. — La Mariolle, qui a l'air de
chercher son chemin, entre de droite,
deuxième plan).*

SCÈNE V

JEAN-PIERRE, LA MARIOLLE,
· LE ROUQUIN, *caché*

JEAN-PIERRE, *d'une voix brève*

Qui va là?

LA MARIOLLE

Ah! un militaire... Enfin, je trouve quelqu'un à qui parler!

JEAN-PIERRE

Passez au large! Qui êtes-vous?... Que voulez-vous?...

LA MARIOLLE, *timidement*

Qui je suis?... La Mariolle, une pauvre
petite femme qui vous demande simplement
de la remettre dans le bon chemin.

JEAN-PIERRE, *reposant son arme
et d'un ton radouci*

Vous savez bien, pourtant, qu'il est défendu
de circuler dans le chemin de ronde une fois
la nuit venue! Où allez-vous?

LA MARIOLLE

A La Réole. C'est encore loin d'ici?

JEAN-PIERRE

A une demi lieue.

LA MARIOLLE

Tant que ça?

JEAN-PIERRE

Vous vous étiez donc égarée?

LA MARIOLLE

Oui, voilà plus d'une heure que j'erre là à
l'aventure, cherchant le sentier de desserte
qui descend sur la route de Langres.

JEAN-PIERRE

Là, devant vous.

LA MARIOLLE

Oui, je me remets à présent... Merci, monsieur le militaire. (*Elle fait quelques pas*).
Ah! je tombe de fatigue; vous permettez que
je me repose un moment avant de me remettre en route?

JEAN-PIERRE, *remontant vers le mur où il
demeure un moment, l'arme au pied, tout
en derisant avec elle*

Oui; mais, à la moindre alerte, éclipsez-vous.

LA MARIOLLE, *allant s'asseoir sur la pile
de sacs, à gauche*

Compris, vous n'aurez qu'à me faire signe
s'il approche quelqu'un, et je m'enfoncerai
aussitôt sous bois.

JEAN-PIERRE, *un peu surpris*

Mais d'où venez-vous si tard?

LA MARIOLLE

D'attendre mon amoureux.

JEAN-PIERRE

Où ça?

LA MARIOLLE, *avec un accent de sincérité
qu'on jurerait indéniable*

De l'autre côté du plateau, dans une cahute
à lui qui avoisine la voie ferrée. On avait pris
rendez-vous à onze heures; à la demie, comme
il n'était pas là, je me suis décidée à m'en
retourner toute seule. Pour aller plus vite,
j'ai coupé à travers champs; c'est comme ça
que je me suis perdue.

JEAN-PIERRE, *amusé*

Pauvre petite!

LA MARIOLLE

C'est ça, moquez-vous... Si vous croyez que
c'est drôle! Moi qui suis à jeun d'amour depuis quarante-huit heures, qui étais sortie ce

soir avec des idées folichonnes, me promettant déjà tout un monde de félicités... Ah! je suis bien servie!

JEAN-PIERRE, *riant*

Vous le serez mieux demain.

LA MARIOLLE, *s'agitant sur sa couche improvisée*

Aussi, je suis dans un état! (*Dégrafant à dessein le haut de son corsage pour mettre sa gorge à nu*). Ça ne vous dérange pas que je me mette un peu à l'aise?... Mais que faites-vous là-bas?... vous êtes à une lieue de moi.

JEAN-PIERRE, *déjà troublé*

C'est pour ne pas vous gêner.

LA MARIOLLE, *avec un signe d'invite*

Mais vous ne me gênez pas, au contraire... (*Taquine*). Ah ça, est-ce que je vous ferais peur?

JEAN-PIERRE, *avec un rire contraint*

Moi, peur de vous... et pourquoi, je vous prie?... D'abord, une jolie fille ne m'a jamais fait peur. (*Ce disant, et comme invinciblement attiré, il a fait quelques pas vers la jeune femme*).

LA MARIOLLE

Oh! jolie...

JEAN-PIERRE

Si, très jolie.

LA MARIOLLE

Vous dites ça peut-être pour me flatter.

JEAN-PIERRE, *avec confusion de se trouver là, tout à coup, si près d'elle*

Non, je vous jure...

LA MARIOLLE, *minaudant*

Eh bien, si vous me trouvez si gentille, prouvez-le moi.

JEAN-PIERRE, *de plus en plus troublé*

Comment ça?

LA MARIOLLE

En venant vous asseoir là... tout près de moi...

JEAN-PIERRE

Près de vous...

LA MARIOLLE, *l'aguichant du geste et de la voix*

Oui, vous me prendrez sur vos genoux... on fera la causette...

JEAN-PIERRE, *déjà tout chaviré*

La causette...

(*A demi dressée, elle lui a saisi une main au vol. Il n'a pas eu le temps de se dégager qu'il est déjà tombé sur les genoux*).

LA MARIOLLE, *avec un sourire prometteur, l'attirant tout près d'elle*

On se dira un tas de choses; tu verras comme je suis amusante.

JEAN-PIERRE, *se ressaisissant à mesure, et avec effort pour dénouer l'étreinte*

Y pensez-vous... le poste qui est à deux pas... des fois que sortirait l'officier de service...

LA MARIOLLE

Il ne nous verrait pas.

JEAN-PIERRE

J'ai une nuit si claire.

LA MARIOLLE

Descendons sur le bord du talus, si tu as peur ici.

JEAN-PIERRE, *avec un sentiment de révolte*

Moi, abandonner ma faction, trahir la confiance de mes chefs, plutôt crever tout de suite!

LA MARIOLLE

Ah! ne fais donc pas de magnes! je vois bien que t'as envie de moi.

JEAN-PIERRE

Vous êtes folle!

LA MARIOLLE, *comme pâmée d'amour et resserrant son étreinte*

Oui, la passion m'égare... viens vite.

JEAN-PIERRE

Non, non, laissez-moi.

LA MARIOLLE, *cherchant la bouche
du jeune homme*

Je t'aime!...

JEAN-PIERRE, *se dérobant toujours*

Pour quelques minutes de plaisir, risquer
peut-être d'écoper du rabiot, quand je n'ai
plus que quelques jours à tirer!...

LA MARIOLLE

Je te veux!...

JEAN-PIERRE

Oui, ce serait trop bête!

LA MARIOLLE

Prends-moi!...

JEAN-PIERRE

Zut! à bas les pattes! (*Comme elle s'at-
tache à lui, agacé il la repousse violemment; elle lâche prise avec un cri de douleur, les poignets meurtris; vivement, il
s'écarte de là*).

LA MARIOLLE, *avec un dépit simulé et se
frottant les mains*

Ça va, quoi!... te frappe pas, on ne te
prendra pas de force!

LE ROUQUIN, *qui a suivi toute la scène des
yeux, à part, mécontent*

Il est dur à la détente, le gonze! Y se doute
p't-être que la môme n'est pas seule. Je ferais
aussi bien de m'esbigner un moment, des fois
qu'il rappliquerait jusqu'ici avec elle!... Oui,
c'est ça, caltons en douce. (*Même sortie que
la Mariolle, à droite, premier plan*).

SCÈNE VI

JEAN-PIERRE, LA MARIOLLE, *puis* GOLIATH

(*Au fond, Jean-Pierre va et vient un instant, l'arme sur l'épaule*).

LA MARIOLLE, *qui a vu sortir le Rouquin,
encore tenaillée par une émotion poi-
gnante, à part*

Le pauvre petit!... S'il savait comme je suis
heureuse qu'il ne m'ait pas cédé! Il a l'air si
doux, si honnête... Je n'aurais pas voulu que
la mort le surprît dans mes bras. (*Une pause.
Tournant la tête*). Le Rouquin qui s'éloigne.
Il va sans doute convenir avec Goliath d'un
nouveau plan d'attaque. Ah! les lâches, qui
opèrent dans l'ombre et qui n'osent pas attaquer un homme en face! (*Le regard attaché
de nouveau sur Jean-Pierre, qui est remonté près du mur et a repris la lecture de
sa lettre un moment interrompue*). Y a pas,
il m'intéresse, ce gamin! faut que je lui sauve
la mise. Oui, mais comment? L'avertir, ce
serait courir moi-même au-devant de ma
perte... En restant près de lui jusqu'à la fin de
sa faction, peut-être les deux autres n'oseront-
ils rien tenter... Je n'ose l'espérer. (*En sour-
dine*). Eh ah!

JEAN-PIERRE, *avec un mouvement,
déjà inquiet*

Qui va là?

LA MARIOLLE

C'est moi, monsieur le militaire... On m'a
donc oubliée?

JEAN-PIERRE

Je vous croyais partie.

LA MARIOLLE

Sans vous dire au revoir?

JEAN-PIERRE

Mais qu'attendez-vous là?

LA MARIOLLE

Qu'on vous relève de faction.

JEAN-PIERRE

En voilà une idée! mais pourquoi?

LA MARIOLLE, *un peu plus libre de ton et
d'allure, à présent qu'elle ne se sent plus
observée par le Rouquin*

Je ne sais pas, mais quelque chose me dit
que si vous me gardez cette nuit près de vous,
je vous porterai peut-être bonheur.

JEAN-PIERRE, *intrigué*

Comment ça?

LA MARIOLLE

Ne cherchez pas à savoir... Mais que je ne
vous empêche pas de lire votre babillarde.

JEAN-PIERRE

Oh! je l'ai lue et relue.

LA MARIOLLE, *avec un intérêt croissant*

Des nouvelles de votre patelin?

JEAN-PIERRE, *qui se rapproche peu à peu*

Oui, ça vient de chez nous... Ma bonne vieille qui m'écrit, et il y a quelque chose comme lettre... Voyez plutôt, six longues pages.

LA MARIOLLE, *assise*

Rien que ça...

JEAN-PIERRE

Et encore, comme elle n'avait plus de papier, elle a ajouté quelques lignes au dos de l'enveloppe:

LA MARIOLLE, *s'attendrissant*

Il n'y a que l'amour d'une mère pour trouver dans son cœur tant de choses à dire.

JEAN-PIERRE

N'est-ce pas? Sa lettre m'a un peu rassuré, car voilà quinze jours que je n'avais rien reçu d'elle: aussi, j'étais déjà inquiet.

LA MARIOLLE

Elle n'est donc pas bien?

JEAN-PIERRE

Non... Il y a quelques années, à la suite de gros chagrins intimes, elle a éprouvé une sorte de commotion cérébrale qui lui a malheureusement ébranlé un peu la raison; aussi je crains toujours, comme elle habite toute seule...

LA MARIOLLE

Toute seule... Mais alors, votre père?

JEAN-PIERRE

....

LA MARIOLLE

Et vous n'avez pas d'autres parents, pas d'amis?

JEAN-PIERRE, *tristement*

Non, nous ne sommes que tous les deux.

LA MARIOLLE

Mais comment vit-elle, toute seule au pays?

JEAN-PIERRE, *un peu avec abattement*

Au début, on avait quelques économies. De mon état je suis électricien; j'avais pu mettre quelques sous de côté : une centaine de francs. Quand je suis parti au service, je lui ai tout laissé; mais ces maigres ressources ont été vite épuisées... Alors, comme je ne pouvais plus lui venir en aide, elle a vendu nos quelques meubles, puis elle a fait des dettes; et, comme on la menaçait de poursuites, elle a cherché du travail, elle qui ne tient pas debout! Actuellement, elle fait le ménage d'un petit bourgeois du quartier; mais c'est dur à son âge, et c'est si peu payé! Ah! je suis bien sûr qu'elle ne mange pas tous les jours à sa faim...

LA MARIOLLE, *avec une compassion émue*

Pauvre femme!

JEAN-PIERRE

Mais je suis là à vous raconter un tas d'histoires qui ne doivent guère intéresser une jolie fille comme vous, faite pour la joie de vivre et d'être aimée.

LA MARIOLLE

Mais si... mais si...

JEAN-PIERRE

Comment, vous pleurez?

LA MARIOLLE

Je comprends tellement ça, qu'on aime sa mère... moi qui n'ai jamais connu la mienne.

JEAN-PIERRE, *avec une sympathie croissante*

Quelle amertume dans ces paroles! Il faut croire que vous avez également bien souffert de la vie!

LA MARIOLLE, *un pli au front et la voix sombre*

Oh oui!... surtout de l'homme!

JEAN-PIERRE

Mais vous ne m'avez rien dit encore de vous... Enfin, qui êtes-vous... que faites-vous?

LA MARIOLLE

Ah! ne me le demandez pas!

JEAN-PIERRE, *qui lui a pris une main dans les siennes*

Oui, je comprends... Pauvre petite! Mais pourquoi désespérer de la vie; vous êtes jeune encore... et si jolie!

LA MARIOLLE

Tant d'autres me l'ont dit comme vous qui n'ont jamais su trouver le chemin de mon cœur.

JEAN-PIERRE

Vous n'avez donc jamais aimé?

LA MARIOLLE

Non, car le mépris de l'homme m'est venu tout de suite! (*Avec une nuance de regret*). Et pourtant, comme vous le disiez tantôt, j'étais bien faite pour la joie d'aimer et d'être aimée. Privée dès le berceau des caresses d'une mère, j'aurais tant désiré connaître un jour celles d'un amant sincère.

JEAN-PIERRE, *déjà grisé d'amour*

Si j'étais celui-là?

LA MARIOLLE, *avec un sourire attristé*

Vous... mais vous n'avez pas voulu de moi tout à l'heure!

JEAN-PIERRE

Oui, c'était stupide, je l'avoue! vous parler de devoir, de mes chefs, quand vous vous offriez si gentiment à moi...

LA MARIOLLE

Oui, vous... je vous aurais peut-être aimé. car on voit que vous avez du cœur. que vous êtes bon et loyal. Tenez, c'est bête à dire, car je vous connais à peine, mais tout à l'heure, quand je vous ai aperçu là-bas, dans le chemin de ronde, en train de lire cette lettre avec tant d'intérêt, eh bien, j'ai ressenti comme un petit choc... là, au cœur... oui, quelque chose que je n'avais pas encore éprouvé. Vous m'avez dit que cette lettre venait de votre mère; alors je me suis sentie tout de suite plus rassurée, plus tranquille... Je vous raconte tout ça parce que je sais bien que nous ne devons plus nous revoir...

JEAN-PIERRE, *avec tendresse*

Sait-on jamais!

LA MARIOLLE, *infiniment triste*

Ah! pourquoi ne s'est-on pas connu quelques mois plus tôt, quand je n'étais pas encore tombée si bas!...

JEAN-PIERRE, *avec grande douceur, l'amenant toute vers lui*

Et s'il n'était pas trop tard.

LA MARIOLLE, *avec un décevant sourire*

Mon pauvre ami, vous oubliez mon passé.

JEAN-PIERRE, *à demi penché vers elle et cherchant ses lèvres*

Votre passé... je l'efface.

LA MARIOLLE, *mollement*

Que cherchez-vous?

JEAN-PIERRE, *l'étreignant*

Tes lèvres, pour y cueillir notre premier baiser d'amour! Viens...

LA MARIOLLE, *très troublée*

Où ça?

JEAN-PIERRE, *cherchant à l'entraîner*

Là-bas. sur le bord du talus.

LA MARIOLLE, *se ressaisissant*

Non, non! il ne faut pas, ce serait imprudent! Un officier peut sortir. vous l'avez dit tout à l'heure!...

(*Goliath, son couteau ouvert à la main, surgit de droite, deuxième plan, et descend à pas étouffés derrière le jeune homme*).

JEAN-PIERRE, *avec égarement*

Que m'importe, je te veux!

LA MARIOLLE, *éperdue*

J'ai peur... (*Tout à coup, apercevant Goliath, avec un cri d'angoisse*). Ah!...

JEAN-PIERRE, *retombant à la réalité, avec effarement*

Quelqu'un vient?

LA MARIOLLE, *avec une profonde altération*
de voix et de visage

Oui, là !

(*Croyant à la présence d'un de ses chefs,*
il tourne lentement la tête, mais trop tard,
car Goliath, qui a rebroussé précipitam-
ment chemin, s'est déjà enfoncé dans la
nuit, en esquissant un geste lourd de me-
naces à l'adresse de la Mariolle).

JEAN-PIERRE, *remontant avec elle*
et cherchant du regard

Où ça ?

LA MARIOLLE, *plus morte que vive,*
lui désignant au loin

Là... là !... tu vois !

JEAN-PIERRE, *revenu un peu de son émoi*

Mais non, je ne vois personne... Ah ça, on
rêve donc tout éveillée ?

LA MARIOLLE, *avec affolement et*
s'arrachant à l'étreinte du jeune homme

Laisse... laisse !... Va-t-en, éloigne-toi ! re-
gagne vite ton poste, il en est temps encore !
Là-bas, dans le chemin de ronde, ils n'oseront
pas t'attaquer !

JEAN-PIERRE, *ne s'expliquant pas, avec un*
mouvement vers elle

Qué dis-tu ?

LA MARIOLLE, *le repoussant avec violence,*
le geste tragique, encore sous le coup
d'une terreur folle

Va... va vite ! et garde-toi bien, petit !... ne
t'endors pas, ouvre l'œil, il y va de ta vie !...
Adieu ! (*Ce disant, telle une pauvre loque*
humaine, elle revient s'abattre lamentable-
ment sur le tapis de sacs, derrière la
brouette, cependant que Jean-Pierre, qui
n'a pas entendu son cri d'adieu, l'arme au
bras, visiblement inquiet, remonte à pas
lents vers la droite, cherchant vainement à
scruter la profondeur des ténèbres. — Un
long temps).

JEAN-PIERRE, *s'immobilisant soudain,*
l'oreille tendue, à part

Un bruit de pas qui s'éloignent... Cette fille
aurait-elle dit vrai ?

LA MARIOLLE, *avec une morne résolution,*
à part

Je vais tout dire au Rouquin... tant pis si
j'y laisse ma peau, j'aurai sauvé au moins
celle d'un honnête homme.

JEAN-PIERRE

Plus rien... (*Se redressant*). Je crois que la
Mariolle a fait erreur. Pour moi, c'était un
couple d'amoureux qui cherchait un gîte pour
la nuit. Oui, c'est ça ; car, enfin, on n'attaque
pas quelqu'un, surtout un homme que l'on
sait armé, sans un motif quelconque, un but
déterminé. Or, je ne me connais pas d'enne-
mis : je ne descends presque jamais en ville ;
quant à une attaque d'anarchistes, le pays est
trop tranquille !... (*Plus rassuré*). Oui, la
Mariolle a rêvé. Mais où est-elle donc ?... Comment, elle a filé ! (*Appelant à mi-voix*). La
Mariolle, où êtes-vous ?... Mais non, elle n'est
plus là... Elle a eu peur sans doute d'un re-
tour offensif des soi-disant bandits. Drôle de
fille !... un peu fantasque, un peu libre d'allure, mais un bon petit cœur tout de même !
Je regrette qu'elle soit partie si vite ; on aurait
peut-être pu se revoir, et, qui sait... associer
plus tard nos deux misères... (*Avec un sou-*
pir, il retourne au mur et reprend sa fac-
tion, l'arme au repos, l'esprit songeur).
Drôle de fille !...

(*Le Rouquin, le regard torve, reparaît à*
droite, premier plan, et se glisse en ram-
pant jusqu'à la Mariolle).

SCÈNE VII

LA MARIOLLE, LE ROUQUIN, *cachés,*
JEAN-PIERRE

LE ROUQUIN, *comme elle ne l'a pas vu reve-*
nir, il lui secoue le bras d'un geste brutal

Non, mais quoi !

LA MARIOLLE, *frémissant à l'odieux contact*

Ah ! c'est toi...

LE ROUQUIN

Quoi que tu fous ici ?

LA MARIOLLE

Je t'attendais.

LE ROUQUIN

Y a donc du nouveau?

LA MARIOLLE

Oui et non.

LE ROUQUIN

T' as encore fait chou-blanc?

LA MARIOLLE

Oui, le gonze veut rien savoir.

LE ROUQUIN

A cause?

LA MARIOLLE

Il a mal aux méninges.

LE ROUQUIN

Cet amour!

LA MARIOLLE

Alors, il a eu peur d'être trop secoué.

LE ROUQUIN

Mais pourquoi que tu l'as plaqué aussi vite?

LA MARIOLLE

Quand j'ai vu que j'avais beau y faire du plat, que ça ne-mordait pas, j'ai cru plus sage de le semer en douceur et de venir t'en causer tout de suite.

LE ROUQUIN

Et t'as pas trouvé l'occase, quand il était près de toi, pour le retourner en cinq sec sur le dos?... C'est vraiment pas la peine d'avoir été six mois à la laïque!

LA MARIOLLE, *dolemment*

C'est pas ma faute si j'ai jamais su me faire à ce truc-là.

LE ROUQUIN

Si, c'est ta faute! quand on ne sait pas, on apprend. Moi, à quinze ans, je savais pas encore zigouiller un pante. Eh bien, j'ai appris tout seul, personne m'a montré! Oui, mais tout ça ne fait pas le turbin. Puisque le gonze y veut rien savoir, on va donc, avec Goliath, l'amocher autrement.

LA MARIOLLE, *sombre*

C'est pas sûr.

LE ROUQUIN

Qu'en sais-tu?

LA MARIOLLE

Je dis ça... des fois qu'il se rebifferait.

LE ROUQUIN

Avec le daron, je suis bien tranquille.

LA MARIOLLE

Pas moi.

LE ROUQUIN

Encore ton cafard!

LA MARIOLLE, *d'une voix instante*

Non, ne reste pas, allons-nous en, mon homme. Regarde comme le ciel est rouge; pour sûr, il y a du malheur dans l'air.

LE ROUQUIN, *excédé*

Ah! tu ne vas pas encore me barber avec tes histoires de brêmes!... Barre-toi si t'as la frousse. moi je reste.

LA MARIOLLE, *avec un accent prophétique*

T'as tort, le Rouquin...

LE ROUQUIN. *l'interrompant*

Zut!

LA MARIOLLE, *continuant*

... il y a du danger ici pour toi.

LE ROUQUIN, *avec un long regard*

Tu sais donc quelque chose? (*La rudoyant du geste et de la voix*). Eh bien. quoi, l'ouvriras-tu?

LA MARIOLLE, *avec effort*

... Quelqu'un a prévenu le factionnaire.

LE ROUQUIN. *stupéfié*

Tu blagues, ou si... vraiment?...

LA MARIOLLE, *avec un calme apparent, l'air résigné*

Non, je ne blague pas... On l'a prévenu qu'il serait attaqué cette nuit même, avant la fin de sa faction.

LE ROUQUIN, *anéanti*

Nom de Dieu! Eh bien, nous voilà frais!

Mais comment a-t-il su ! Y a que nous trois dans la combinaise ! Qui a donc pu lui dire... c'est pas le daron ! Y serait pas assez louf. puisqu'il y joue sa peau... Alors ? (*Comme elle détourne la tête, il la ramène brutalement vers lui et lui plantant son regard aigu dans les yeux*). C'est toi !

LA MARIOLLE, *s'armant soudain d'une résolution farouche*

Eh bien, oui, là. c'est moi qui le lui ait dit. Il a sa mère qui est malade. dans la misère; aussi. je ne veux pas qu'on y touche. moi, à ce petit-là !

LE ROUQUIN, *en proie à une rage sourde, le poing levé sur elle*

Ah ! poison !

LA MARIOLLE. *sans bouger, d'un ton indifférent*

Frappe-moi, je m'en fous! je n'appellerai pas. Si tu savais comme, à présent, je tiens peu à la vie.

(*Goliath rentre de droite*).

SCÈNE VIII

LES MÊMES, GOLIATH, *puis* UN OFFICIER *et les* HOMMES DU POSTE

GOLIATH. *à quatre pattes, grommelant*

Alors. quoi?

LE ROUQUIN

Nous sommes refaits.

GOLIATH

Hein !

LE ROUQUIN. *écumant*

La môme a tout craché au solitaire.

GOLIATH

C'est donc ça que j'ai failli tout à l'heure me faire moucher par le barbot à cause d'elle.

LE ROUQUIN

Vrai, ça?

GOLIATH

Oui. Quand elle m'a vu venir. elle a jeté un cri pour lui donner l'éveil. même que j'ai eu tout juste le temps de me cavaler derrière un arbre.

LE ROUQUIN, *ivre de rage*

Ah! chameau!

LA MARIOLLE, *impassible*

Mais frappe donc. si t'es un homme!

LE ROUQUIN, *le regard sinistre*

Plus tard. après le turbin. on règlera nos comptes tous les deux! (*En dépit de sa résistance, lui obturant la bouche de son mouchoir qu'il a sorti de sa poche*). En attendant, des fois que tu ferais encore de la musique. j'aime mieux te river le cadenas tout de suite.

LA MARIOLLE, *avec de vains efforts pour se libérer du carcan de chair, d'une voix sourde*

Lâche!... lâche!...

LE ROUQUIN, *ses cinq doigts repliés, lui maintenant le tampon de linge sur les lèvres; à Goliath*

A présent, on peut jacter. la chienne est muselée.

GOLIATH

Alors. qu'est-ce qu'on fait, nous autres; on y va tout de même?

LE ROUQUIN

Oui,. demain serait trop tard: autant donc en finir tout de suite.

GOLIATH

Je suis prêt.

LE ROUQUIN

Seulement. cette fois, y faut agir de ruse, car le gonze doit ouvrir l'œil. se garder à carreau. N'y tombe donc pas sur le râble avant que je l'aie attiré près d'ici. hors de la zone de lumière.

GOLIATH

Comment ça?

LE ROUQUIN

T'inquiète pas, j'ai mon idée. Va vite!

GOLIATH

Oui, mais prends garde que la Mariolle ne lui casse pas une seconde fois le morceau.

LE ROUQUIN, *ricanant*

A pas peur, j'y ai mes cinq doigts collés sur la gueule; cette fois, elle ne chialera donc pas. (*Goliath sort à droite en rampant. — A la Mariolle qui, à bout de forces, effroyablement blême, le regard fixe, observe maintenant une passivité absolue, avec une sorte de joie sauvage*). Ne crois pas, la môme, t'en tirer à si bon compte! Si tu n'as pas encore écopé, c'est que le gonze a l'air de te tenir trop au cœur pour que je te refuse le plaisir de le voir dégringolé par le daron! (*Ponctuant d'un geste maléfique*). N'aie crainte, ton tour viendra après! (*Changeant de ton*). Et maintenant, à notre rôle. (*Sans abandonner sa prise, geignant très haut, d'une voix cassée par l'âge et la douleur*). Hou .. hou là! Ah! mon Dieu! que je souffre...

JEAN-PIERRE, *qui rêvassait au fond, sortant de sa torpeur*

Qui va là?

LE ROUQUIN, *sans se montrer à lui, geignant toujours plus fort*

Un pauvre diable qui a perdu son chemin et qui, trompé par le brouillard, s'est laissé choir dans le fossé.

JEAN-PIERRE, *sans méfiance*

Vous vous êtes fait mal?

LE ROUQUIN

Oh! oui... grand mal... Ah! que je souffre...

JEAN-PIERRE

Voulez-vous que j'aille chercher du secours?

LE ROUQUIN

Non, non, c'est inutile. (*Implorant, des larmes dans la voix*). Seulement, comme je suis vieux et infirme, si c'était un effet de votre bonté, monsieur le militaire, de venir me prêter un moment l'appui de votre bras pour m'aider à me tirer de là...

JEAN-PIERRE, *se portant de quelques pas en avant*

De grand cœur! Où êtes-vous?

LE ROUQUIN, *le guidant de la voix*

Par ici, monsieur le militaire, par ici... Ah! que je souffre... (*Goliath paraît à droite, deuxième plan. Il se glisse silencieusement derrière Jean-Pierre, son couteau à la main, le corps ramassé sur les jambes, prêt à bondir sur lui. Devant l'imminence du péril, la Mariolle, les traits déjà horrifiés, a un brusque mouvement de recul, comme pour se remettre debout et faire signe au jeune homme; mais le bandit, prévoyant son dessein, d'un violent coup de pouce resserre son étau et l'écrase lourdement sur le sol, à demi étranglée. — A Jean-Pierre, qui n'est plus qu'à quelques pas de lui, geignant toujours*). Par ici... par ici...

LA MARIOLLE, *dans un effort désespéré, s'arrachant le bâillon de chair, avec un cri indicible*

L'écoute pas, petit!...

LE ROUQUIN, *se ruant sur elle, fou de rage et de son poing fermé cherchant de nouveau à lui criller la bouche*

Ah! malheur!

LA MARIOLLE, *d'un coup de dent lui happant un doigt au vol; à demi redressée, à Jean-Pierre*

Là... derrière toi!

GOLIATH, *avec un ricanement sinistre*

Trop tard! (*Et, prompt comme l'éclair, il plante son couteau entre les deux épaules de Jean-Pierre, qui s'effondre comme une masse et sans un cri, la face contre terre*).

LE ROUQUIN, *un instant terrassé par la douleur*

La vache! elle m'a mordu au sang! (*Ce disant, le bras armé, terrible à voir, il va pour s'élancer à la poursuite de la Mariolle, qui s'est enfuie précipitamment, sitôt son cri d'alarme jeté*).

GOLIATH, *le rappelant à lui d'une voix brève, avec un calme effrayant*

Ici, le Rouquin! T'y règleras son compte tout à l'heure; pour l'instant, on a mieux qu' ça à faire!

LE ROUQUIN, *revenant, avec un violent effort pour se ressaisir*

Oui, t'as raison, les affaires d'abord... elle et moi on se retrouvera toujours! (*Se penchant sur le corps de Jean-Pierre et lui retirant son képi, sa capote de garde à capuchon et son fusil, qu'il passe au fur et à mesure à Goliath*). C'est égal, tu l'as bien mouché!

GOLIATH, *essuyant sa lame*

J' le crois, j'en ai même ébréché ma lame... une lame toute neuve.

LE ROUQUIN

Allez, vite, camoufle-toi. (*Lui passant*). La pelure, la boîte à cornes, le flingot. (*Goliath a endossé la capote, s'est coiffé du képi, et a pris le fusil en main*). Tout est là... oui. Sur ce, au trot. (*Tous les deux remontent vivement. Une demie sonne au lointain*). La demie déjà! fichtre! on n'a que le temps.

GOLIATH, *va éteindre le falot, demi-nuit*

V'là un quart d'heure qu'on aurait dû déjà décaniller d'ici. Aussi, t'avais bien besoin d'amener ta grenouille de femme!

LE ROUQUIN, *furetant de la main dans les anfractuosités du mur*

Oui, pour ce qu'elle nous a servi. A pas peur, j'y porterai tout ça sur la même note quand on va rappliquer tout à l'heure à la tôle! (*Cherchant toujours*). J'avais rivé ce matin un gros clou dans le mur pour mieux faciliter mon escalade, qu'est-il donc devenu? Ah! le voici! (*A Goliath, qui lui fait aussitôt la courte échelle*). Et maintenant, baisse la tronche, que je m'évapore en douce. (*Se hissant sur les épaules de son acolyte, il a tôt fait de gagner la crête du mur*).

GOLIATH, *prenant la garde, l'arme au pied, le capuchon rabattu sur son visage, au Rouquin*

Ne sois pas long, surtout.

LE ROUQUIN, *qui disparaît de l'autre côté du mur*

Deux minutes, pas même, et je te tombe dans les brancards.

GOLIATH, *une fois seul, grommelant sous son capuchon, toujours avec le même scalme effrayant*

C'est que je ne tiens pas à moisir longtemps ici, moi... avec l'autre à côté qui baigne déjà dans son raisiné. (*Soudain, l'œil au guet*). On a marché... oui, j'entends un bruit de pas, quelqu'un radine vers ici... Quelque permissionnaire attardé, sans doute. Ah! malheur à lui s'il s'approche trop près et cherche à voir sous mon capuchon! (*Un temps*). Non, c'est une femme... (*Tout à coup, avec un cri de rage aussitôt réprimé*). La Mariolle! c'est la Mariolle qui revient!...

LA MARIOLLE, *entre de droite en rampant sur les genoux; elle s'arrête une minute, les yeux fixés sur Goliath, qu'elle ne reconnaît pas tout d'abord : à elle-même*

Oui, c'est lui... c'est bien lui... je l'aperçois là-bas qui a repris sa faction... (*Violemment émue*). Vivant, il est vivant! il a pu échapper au couteau de Goliath... merci, mon Dieu! (*Elle se lève, plus rassurée, et remonte de quelques pas vers Goliath, lequel, à son approche, demeure l'arme au repos et sans mouvement, comme figé sur place. — Au pseudo-factionnaire avec une joie contenue*). Monsieur le militaire, c'est moi... Vous dire ce que je suis heureuse de vous revoir... Ah! dans quel horrible guet-apens alliez-vous tomber, mon pauvre ami! car c'est un peu grâce à moi si vous voilà sain et sauf. Je ne sais pas comment j'ai eu la force de me remettre debout et de vous faire signe... Il y avait le Rouquin qui me serrait à la gorge. Ah! j'ai bien cru un instant que j'y passerais avant vous. (*S'inquiétant de ce silence*). Monsieur le militaire... Eh bien, quoi... vous ne me répondez pas?... (*Elle fait quelques pas vers Goliath, lequel garde toujours une immobilité absolue*). Vous me reconnaissez bien, pourtant... c'est moi, la Mariolle, moi qui... (*Avec un grand cri, glacée d'effroi, et rétrogradant à mesure, le doigt tendu*). Ah!... Goliath!... c'est Goliath!... Toi!... vous!... Mais alors, le petit... où est-il?... qu'en ont-ils fait?... (*Tout à coup, dans son mouvement de retraite, elle trébuche sur le cadavre de Jean-Pierre; avec un geste horrifié*). Ah!... cette mare de sang... ce corps inanimé, raidi dans la souffrance...

(Cliquetis d'armes à côté).

GOLIATH, *avec une exclamation sourde*

Nom de Dieu! les hommes du poste qui rappliquent ici!... L'officier qui me fait signe... Pas moyen de filer!... (*Avec un rugissement de fauve*). Ah! pouffiasse de malheur! (*Il piétine un instant sur place, en proie à une sombre irrésolution*).

LA MARIOLLE, *affolée de douleur, s'abattant sur le corps de Jean-Pierre*

Tué... ils l'ont tué!...

(Accourent les hommes du poste précédés d'un capitaine).

L'OFFICIER, *à Goliath*

Alors, quoi? que se passe-t-il? vous avez été attaqué? Comment! vous n'avez rien entendu? Ah çà, vous dormiez donc? Eh bien, me répondrez-vous? (*Devant le mutisme de son subordonné, il va directement à lui et, lui rabattant son capuchon, lui découvre entièrement le visage. Avec stupeur*). Hein! qui va là? qui êtes-vous? (*Se ressaisissant aussitôt, à l'homme, avec un geste bref*). Ouvrez votre capote, et haut les mains!

(Comme il a une hésitation, deux soldats s'approchent de lui et se saisissent l'un de son fusil, l'autre de son képi).

GOLIATH, *devant le cercle de baïonnettes qui se rétrécit à mesure, se rend, et, avec un rictus amer*

Allons, je suis foutu !

UN SOLDAT, *à l'officier, lui désignant près de là, d'une voix angoissée*

Mon capitaine, il y a là, à côté, une jeune fille qui est penchée sur le corps d'un homme à demi dévêtu. On dirait que c'est notre camarade...

L'OFFICIER, *désignant Goliath aux hommes qui épaulent aussitôt*

Vous autres, couchez-moi cet homme en joue, et, à la moindre tentative de rébellion, collez-lui deux balles dans la peau! (*Ce disant, il se dirige en toute hâte vers la Mariolle, suivi d'un de ses hommes portant un falot*).

LA MARIOLLE, *abîmée dans sa douleur, sanglotant*

Pauvre petit pioupiou!... il était si gentil, si affectueux... Il me semble que c'est un peu de moi qui s'en est allé avec lui...

L'OFFICIER, *se penchant avec le falot*

Mais oui, c'est lui... c'est Pierre Gaussin! (*Atterré*). Ah! le pauvre garçon!

GOLIATH, *sortant de sa torpeur, comme en sursaut, hagard*

Pierre... Pierre Gaussin, avez-vous dit? (*Il a un mouvement pour s'élancer. Les soldats tirent. Livide et chancelant*). Je veux le voir... (*Frappé à mort, il se porte, au prix d'un effort surhumain, jusqu'au cadavre de Jean-Pierre, que le capitaine, aidé de la Mariolle, a soulevé dans ses bras; tout à coup, avec un tremblement convulsif lui flagellant tout le corps, ses prunelles dilatées par la douleur et l'épouvante, rivées sur le visage du fantassin*). Ah!... Jean-Pierre... c'était Jean-Pierre! Misérable que je suis, j'ai tué mon enfant!... (*S'écroulant sur le sol dans un râle d'agonie et un bruit de sanglots*). Pardon... pardon, petit!...

RIDEAU

(Voir, page 16, l'extrait de notre Catalogue de Pièces)

Imprimerie du Journal *Le Rideau*, A. SALLES, ⚘. — Georges SALLES, succr, 16, rue d'Alembert, Paris-14e.

Catalogue de Pièces de Théâtre et Café-Concert de G. Ondet, Éditeur.

AUTEURS	TITRES	SOCIÉTÉ	GENRES	Personnages		DÉCORS	ÉTABLISSEMENTS CRÉATEURS (Les » indiquent que la pièce n'a pas encore été jouée.)
				Hommes	Femmes		
ABEILLÉ (Ja...) et Léon Michel et J. Yvel...	Philomène	D.	Comédie	3	3	Salon	ELDORADO
	Des Verges pour		—	2	2	—	CAPUCINES.
et L. Michel	Le Clou		act... judiciaire	9	[illegible]	Salle de Tribunal	ELDORADO.
ABRIC (Léon)	Le Cordon-Bleu		Comédie	2	3	Salon	—
— et A. Boulogne	Le Satyre malgré lui	—	—	2	2	—	—
AGUZAN (J. d')	Coup manqué	—	—	3	2	Chambre à coucher	—
—	Un Sourire... une Larme!	—	—	3	2	Salle de restaurant	GRAND-GUIGNOL
ALARY (E.)	Foins coupés	—	Mœurs villageois	[illegible]	1	Chambre rustique	—
ANDRÉ (J. et G.)	Complet des «Curses»		Comédie	2	[illegible]	Salon	ELDORADO.
—	Platon le Bien-Aimé (**)		a...aisie	[illegible]	[illegible]	Décor double (2 ch. à coucher)	—
—	Allez vous laver!	—	Vaudeville	[illegible]	2	— (2 salles de bains)	—
—	Valentine Bichon		—	2	2	Chambre à coucher	»
—	Adolphe, ou 25 ans de Captivité	—	Saynète	1	1	Cabinet de toilette	»
—	Manon and Cº	—	Pièce	2	2	Promenoir de Music-hall	»
—	Au Café du Bon Souvenir		Comédie	1	2	Salle de Café	ELDORADO
ANDRÉ (J.) et Duplessy	Nos Faiblesses (2 actes) (2 fr.)	—	Comédie dramat.	[illegible]	2	Salon	THÉÂTRE MOLIÈRE
ANDRÉ (G.)	Une Rupture	—	Comédie	1	1	—	MATHURINS.
ANDRÉ BARDE et F. Duquesnel	Maison de Rendez-vous	—	—	2	2	Salon modeste	GRAND-GUIGNOL. / LA SCALA.
—	La Main droite	—	—	2	2	Salon bourgeois	Th. DES VARIÉTÉS
—	Petite Main	—	—	»	3	Boudoir	—
—	Monsieur complote	—	—	2	2	Salon très élégant	CAPUCINES.
—	Une Mesure pour rien	—	—	2	2	— , à la campagne	—
—	Changement de Main	—	—	1	3	Salon très élégant	—
—	Suzy	—	—	2	3	—	—
—	La Traite des Planches	—	—	4	2	Bureau d'agence théâtrale	TRÉTEAU ROYAL.
—	Le cavalier Pioche	—	Vaudeville	3	3	Salon-bureau de Père pleur	EL DORADO.
—	Un Vol... (2 actes) (2 fr.)	—	Comédie dramat.	4	3	Salle à manger d'ouvriers	GRAND-GUIGNOL.
—	La Couverture	—	Comédie	3	2	Chambre à coucher	CAPUCINES.
ANDRÉ DE LORDE	L'Obsession (2 tableaux)	—	Drame	5 / 2 enfants	3	1er Tabl. Cabinet de Médecin; 2e — Salon	GRAND-GUIGNOL.
— et Michel Carré	La Victime	—	Comédie	6	3	—	—
— et Bonis-Charancle	La Soupape	—	—	1	4	—	—
— —	Sous le Masque	—	—	2	2	—	—
— et Montignac	Madame Hercule	—	—	2	2	Atelier de peintre	LA SCALA.
—	Le Cordon sanitaire	—	Vaudeville	5	2	Salon	ELDORADO
— et F. Morel	L'Innocent	—	Comédie	3	1	—	THÉÂTRE ANTOINE.
—	Un Concert chez les Fous (**) (2 actes) (2 francs)	—	Drame	7	5	Salle de Maison de santé	GRAND-GUIGNOL.
ANDRÉ MYCHO et Nordève	La Feuille de Présence	—	Comédie	6	[illegible]	Bureau de Ministère	—
— et Vincent Hyspa	Le Médecin imaginaire	—	—	3	2	Cabinet de Docteur	BOITE-A-FURSY.
—	Le petit Babouin (**)	—	—	7	1	Bureau de Mairie	GRAND-GUIGNOL / ELDORADO.
ARNOULD (Georges)	Greffeur pour Dames	L	Comédie-bouffe	2	3	Chambre à coucher	—
BAUGÉ (G.)	Le Coq de la rue Royale	D	Vaudeville	3	3	Salon	—
BÉNÉZIT (G.)	Les Pastilles à Papa... (Partit. 2 fr.)	I	Opérette (Mus. de P. Kunck)	2	1	—	»
BESSIER (F.) et KESLER	Boniches en Vadrouille (*) (2 tabl)	D	Vaudeville-bouffe	8	8	1. Salle d'étud; 2. Bords de la Seine	ELDORADO.
—	Sonnette de nuit... (Partition 2 fr.)	D	Opérette (Mus de M Baggers)	2	1	Arrière-bout. de Pharmacien	THÉÂTRE GRÉVIN.
BESSIÈRE (E.)	Stances à Manon	L	Comédie	1	1	—	—
—	Petite Brouille	L	—	2	2	—	—
—	Entre Amants	D	—	1	1	Chambre à coucher	LA SCALA.
—	Samedi de Paie	L	—	1	1	Intérieur d'ouvriers	ELDORADO.
—	Titine à l'Atelier	L	Vaudeville	2	4	Atelier de couturières	—
BOUD'NOR	Le Député Janus	—	Drame	3	1	Bureau de Député	»

Nota. — Pour toutes les pièces marquées, à droite du titre, d'un astérisque (*), il y a de la figuration, mais elle est facultative; elle peut, même, être supprimée pour les pièces marquées (**). Le nombre des rôles de figuration n'est jamais compris dans le nombre des personnages indiqué sur ce Catalogue.

www.ingramcontent.com/pod-product-compliance
Lightning Source LLC
LaVergne TN
LVHW011012180726
843502LV00007B/2490